斉藤謠子の
手のひらの
たからもの

パッチワークで作る愛しの小ものたち

日本ヴォーグ社

はじめに

大きなベッドカバーを作る合間には、小さくてかわいらしいものが作りたくなります。

ちょうど両の手のひらにのるくらいの大きさの小もの。

小さいものは、小さいものなりに、縫い代の始末や仕立てのこつなどがたくさんあります。小さくてもていねいに、きちんと作ったキルトは、たからものになるでしょう。

はじめは自分のために作り、2つめ、3つめと作りためたら、大切な人への贈りものにするような気持ちで皆さんにも作ってもらえたら嬉しいです。

バッグにしのばせたり、日々の暮らしに寄り添うものであったり・・・。

私の手のひらのたからものをご紹介します。

斉藤謠子

もくじ

手のひらにのるポーチ

01	ポーチ	p.6
02	青い鳥のポーチ	p.8
03	持ち手のついたポーチ	p.10
04	ヘクサゴンのポーチ	p.12
05	がま口ポーチ	p.14
06	まるいポーチ	p.16
07	チューリップのポーチ	p.18
08	ビニールのポーチ	p.20
09	枝葉の巾着	p.21

暮らしに寄り添う小もの

10	ハウスの小もの入れ	p.22
11,12	うさぎのカップル	p.24
13,14	とりの家、犬の家	p.26
15	青いとんぼ	p.28
16	小もの入れ	p.30

便利な小もの

17	コインケース	p.32
18	お裁縫入れ	p.34
19	スイカのピンクッション	p.35
20	不思議な虫のコインケース	p.36
21	海洋のサコッシュ	p.38
22	ロールティッシュホルダー	p.40
23	メガネケース	p.41
24	スマートフォンケース	p.42
25	ペットボトル入れ	p.44
26	カードケース	p.46
	基礎レッスン	p.48
	作品の作り方	p.57

★本書に掲載の作品を、複製して販売(店頭、ネットオークション等)することは禁止されています。手づくりを楽しむためのみにご利用ください。

この本に関するご質問は、お電話またはWebで

書名／斉藤謠子の手のひらのたからもの
本のコード／NV70518
担当／石上
Tel: 03-3383-0634（平日13:00〜17:00受付）
Webサイト「日本ヴォーグ社の本」
http://book.nihonvogue.co.jp/
※サイト内（お問い合わせ）からお入りください。
（終日受付）
（注）Webでのお問い合わせはパソコン専用になります。

01

手のひらにのるポーチ

ポーチ　　手前から奥に広がるユニークな形。
アップリケは左右でボリュームを変えています。

02

青い鳥のポーチ

幸せの青い鳥。何を運んできてくれるでしょうか…。
繊細な部分は刺しゅうを施しました。

持ち手のついたポーチ

まちのついたボストン型のポーチには持ち手をつけて。
パッチワークをしてからカーブをカットしています。

04

ヘクサゴンのポーチ

淡いトーンのヘクサゴン(六角形)をパッチワークして、刺しゅうをしてからキルティングをしました。
より繊細で奥行きのある仕上がりに。

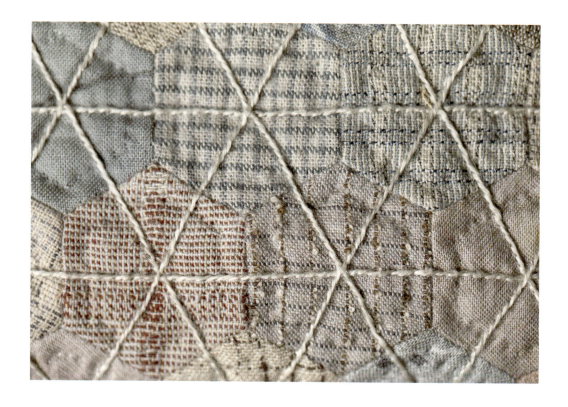

05

がま口ポーチ

小さな小さな三角形と四角形をパッチワークしました。
底まちをたっぷりとって、ぽってりした形がかわいいです。

作り方62ページ

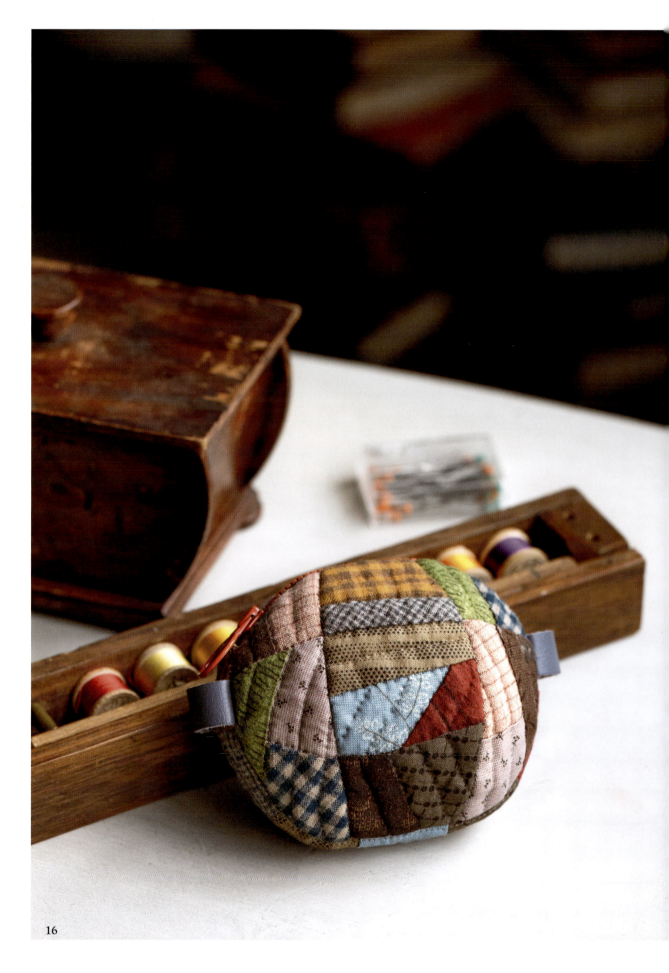

06

まるいポーチ　　ころんとした形にしたくて、まるく仕立てました。
入れるものはさまざま。用途を楽しんでください。

07

チューリップのポーチ

一列に並んだチューリップ。
キルティングがそよ風のように、
のどかな空気感を伝えてくれます。

作り方66ページ

08

ビニールのポーチ

アップリケをした内側が見えるように表側はビニールに。
中に入れたものも見えるので、楽しんで使えます。

作り方68ページ

枝葉の巾着

左右対称に枝葉を広げたアップリケ。
巾着のひも飾りにも葉をあしらいました。

作り方70ページ

暮らしに寄り添う小もの

10

ハウスの小もの入れ

星が瞬く夜空の下には、寄り添うように建つハウスたち。
部屋の中でも持ち運びしやすいように持ち手をつけました。

作り方72ページ

うさぎのカップル

男の子と女の子。身に着けるものを変えるだけでどちらにもなります。ペアで作って欲しいですね。

13/14

とりの家、犬の家

積み木のような小もの入れ。
それぞれ屋根がふたになっています。

15

青いとんぼ

空想の森の中を飛ぶ青いとんぼ。
26cmの中にアップリケと刺しゅうと
キルティングで閉じ込めて。

16

小もの入れ

ファスナーでふたがあく小もの入れ。
ガラス玉のようなビーズは持ち手がわりに。

17

便利な小もの

作り方82ページ

コインケース　出し入れがしやすいように、浅く作りました。
後側と一体になったふたにはマグネットボタンをつけています。

18

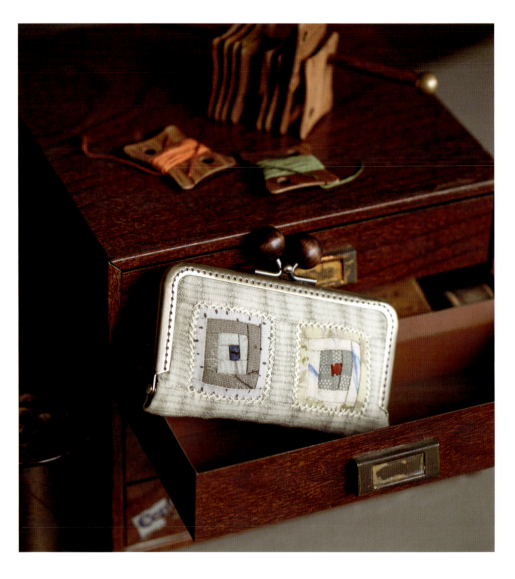

お裁縫入れ

持ち歩きサイズのお裁縫入れは、がま口にして出し入れしやすく。内側にポケットつきです。

スイカのピンクッション

カットしたスイカのピンクッション。
ボタンやビーズを種に見立てています。

20

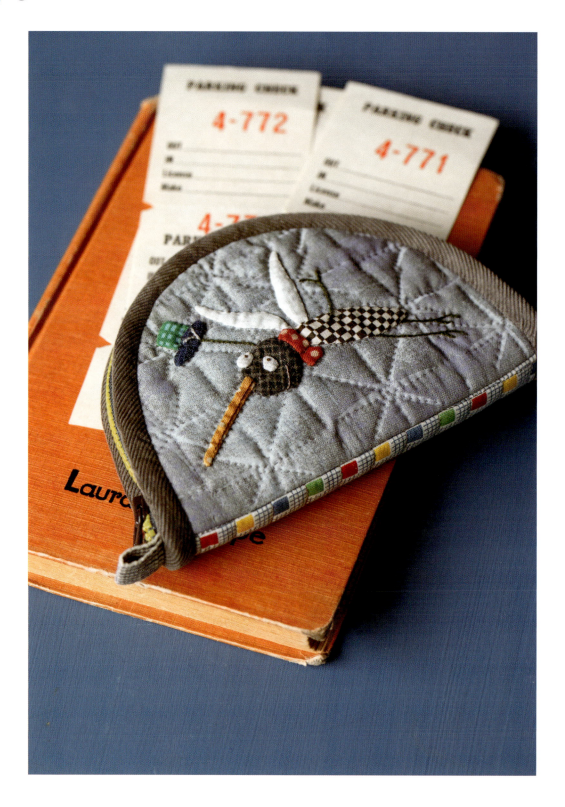

不思議な虫のコインケース

とぼけた表情が愛らしい虫は、空想の生きものです。
小銭やちょっとしたお札などコンパクトな持ち歩きに。

海洋のサコッシュ

必要最小限のものを入れる、たすき掛けのバッグ。
海の仲間たちをアップリケと刺しゅうで参加させました。

22

ロールティッシュホルダー

こんなカバーなら、部屋にあっても
違和感がないかなと思い作りました。
なかなか便利です。

作り方 90 ページ

メガネケース

メガネの形に合わせたスマートに収まるケースにしました。
アップリケのデザインは自分のメガネに合わせても。

スマートフォンケース

さまざまなサイズが入るよう、少しゆったりとした大きさに。
ピースワークではなくアップリケで作りました。

作り方94ページ

25

ペットボトル入れ

ペットボトルを持ち歩くのにちょうどいいサイズ。
垂直に入るようにたっぷり底とまちをとりました。

作り方96ページ

26

作り方 98 ページ

カードケース

取り出しやすいようL字にファスナーをつけました。
シンプルな形が一番使いやすいと思います。

基礎レッスン

パッチワークキルトの小ものに使う用具

普段使用している用具をご紹介します。
全部なくても大丈夫ですが、どれもあると便利なものです。

❶**定規** 製図や型紙作り、布に線を引く時に使います。方眼や平行線の入ったパッチワーク用定規の20〜30cmがあると便利です。
❷**パッチワークボード** 片面にやすりとセーム革を張り、反対側の面ではアイロンがかけられるパッチワーク専用のボード。
❸**文鎮** 小さなもののキルティングやアップリケに。持ち手つきの文鎮だと移動しやすくて便利です。
❹**刺しゅう枠** 刺しゅうをする布にはめてつかう枠です。外側にねじがないものがはめやすくて便利です。
❺**布切り用はさみ** 布を切るためのはさみ。グリップが大きくて軽いものを選ぶと、手が疲れにくくておすすめです。
❻**紙切り用はさみ** 型紙など紙を切るためのはさみ。グリップが大きくて、刃が薄いものがおすすめです。
❼**糸切り用はさみ** 糸を切るためのはさみ。グリップが大きくて軽いものを選ぶと、手が疲れにくくておすすめです。
❽**アップリケヘラ** アップリケの曲線部分の縫い代を倒すのに使います。小回りがきく小さなサイズが便利です。
❾**シームオープナー** 縫い代を倒し、折り目をしっかりつけたり、開いたりするための道具。いちいちアイロンをかけなくてもすみます。
❿**スプーン** しつけをかける際、針先を受けて使います。プラスチック製のものがしなって使いやすいです。
⓫**印つけペン** 布に印をつけるためのペン。布から目立つように白と黒の2種類を使い分けています。
⓬**スティックのり** まち針やしつけの代わりに仮止めをするのに使います。
⓭**目打ち** 縫い目をほどいたり、ポーチやバッグの角を出したり、ミシンで縫う際、布がずれないように押さえるためにも使います。
⓮**極細目打ち** 細かいパーツに使用する細い針のものです。
⓯**シンブル(受け手用)** キルティングの際、針先を受けて押し上げる時に使用します。陶器のシンブルの下にすべらないようにラバーシンブルをつけています。
⓰**シンブル** キルティングで針を押す時に使います。ラバーシンブルの上に金属製のものをはめ、すべり止めに革製のシンブルをはめています。
⓱**プッシュピン** しつけをかける際、板や畳の上にキルトを置き、固定するのに使います。
⓲**糸通し** 針と糸をセットすると針に糸が通る便利な道具です。

針（実物大）

用途により使い分けるようにしましょう。

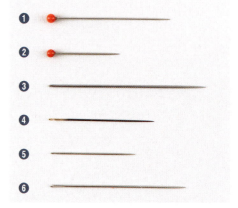

❶**まち針** 布を仮止めするための針です。
❷**アップリケ用まち針** アップリケには短いまち針が使いやすくて便利です。
❸**しつけ針** しつけに使う長く太い針です。
❹**アップリケ針** パッチワークとアップリケに使う細く針先が尖った針です。
❺**キルティング針** キルティングに使う短くしなやかな針です。
❻**刺しゅう針** 刺しゅうをする時に使います。使用する糸の太さや本数により使い分けます。

キルト綿と接着芯について

　普段ベッドカバーなど大きな作品を作る際は中ぐらいの厚さのもの、トラプントなど詰め物をする際は薄手のものを使っています。ポーチなどの小ものは使用する面積が小さいので、ベッドカバーに使用した残りなどを使ってしまうことが多いです。小もの用に用意するとしたら、仕上がりがそれほどしっかりしなくてもいいので、薄〜中くらいの厚さのもので十分です。ただし、メーカーにより厚みや綿の密度が異なります。いくつか試してみて、気に入った仕上がりのものを見つけてください。
　ミシンで縫う場合は接着キルト綿を使います。逆に手縫いの時は使いません。ポーチのふたなど、特にかっちり仕上げたいパーツにはさらに接着芯を貼っています。

❶**キルト綿** ❷**接着キルト綿** ❸**接着芯**

小ものづくりに役立つパーツ

実用性だけでなく、作品のアクセントにもなるような、おすすめのパーツをご紹介します。

ファスナー

カラフルでデザイン性のあるファスナーは、重要なパーツです。テープや務歯もそうですが、引き手にもこだわって、使いやすいものを選ぶようにしています。引き手が大きなものが好みです。

No.16 小もの入れ
30ページ

円筒型の小もの入れも、開けやすいよう、あえて大きな引き手のファスナーを使いました。ブルーグレーのシックな色合いで合わせています。

フリーファスナー

1本で好みの長さに調整できる便利なファスナーです。色違いで2本使ってもOK。引き手も自分で選べるので、配色を考えるのも楽しいです。

No.20 不思議な虫のコインケース
36ページ

1本のフリーファスナーで袋口を一周しています。ファスナーの輪の部分で止まるようになっています。

がま口

がま口の口金はいろいろなタイプのものが出ているので、好みのデザインのものを探してみましょう。サイズがさまざまなので、口金に合わせて調整をします。

No.24 スマートフォンケース
42ページ（左）

No.18 お裁縫入れ　34ページ（右）

どちらも同じサイズの口金の、色違いを使用しています。

マグネットボタン

袋口やふたを止めるのに便利なマグネットボタン。ファスナーなどと違って、最後に外づけできるのがいいですね。左は普通サイズのもの。右はNo.17の作品にも使用しているボタンサイズの小さなものです。

No.17 コインケース
32ページ

マグネットボタンを布でくるんでつけました。土台の布になじみ、異素材でも目立ちません。

ハトメ

本来はバッグにつけて持ち手を通す時に使用するものですが、今回はロールティシュホルダーの入れ口に使用しました。

No.22 ロールティッシュホルダー　40ページ

目立たないよう、透明なハトメを使いました。つける場所に穴をあけてから手ではさみこむだけなので簡単につけられます。

ポーチを仕立てましょう

小さいながらもパーツがいくつかあり、またきれいに仕立てるためのコツがあります。
ここではNo.04の作品の仕立て方を中心に紹介します。

04 ヘクサゴンのポーチ

作品12ページ　実物大型紙56ページ

材料
パッチワーク用布・アップリケ用布…スクラップ布各適宜、タブ用布…15×15cm（くるみボタン含む）、裏布50×25cm（仕切り布含む）、キルト綿40×25cm、15cm丈ファスナー、縫い代始末用バイアス布2.5×60cm、マグネットボタン1個、接着芯8×8cm、25番刺しゅう糸生成り適宜、キャンドルウィック用糸適宜

刺しゅうの刺し方
● コロニアルノットステッチ

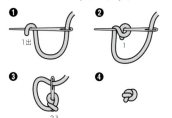

● アウトラインステッチ

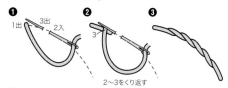

配置図

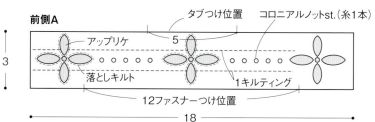

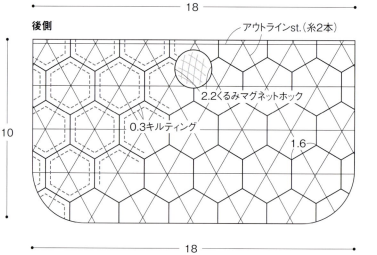

布の準備

1 材料を用意します。ここでは、パッチワークと刺しゅうははぶきますので、はぎ合わせやアップリケなしの布を用意しました。ファスナーは準備しやすい15cm丈のものを用意して、ファスナー口に合わせてカットして使います。

2 各パーツの布をカットしました。実際の作品では本体前側と本体後側には六角形をパッチワークしています。

3 キルト綿と接着芯を用意します。ミシンで縫うパーツはキルト綿ではなく、接着キルト綿を使用します。ミシンキルトで仕上げる場合は接着キルト綿、手縫いでキルティングをする場合はキルト綿を使います。

本体前側を作る　※写真では目立つように赤い糸を使用しています

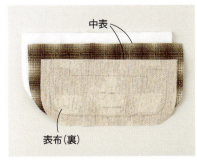

4 キルト綿、裏布、表布(B)の順に重ねます。裏布と表布は中表に合わせます。No.04の作品でははじめにピースワークをしてから刺しゅうをして表布を作っています。

5 ファスナーつけ位置にミシンをかけます。写真のように縫い始めと終わりは印の外側まで縫い切ります。

6 5で縫ったところを縫い代0.7cm程を残して余分をカットします。

7 反対側からキルト綿のみ、さらに縫い目の際でカットします。裏布と表布の角の縫い代に切り込みを入れます。

8 表布を表に返しファスナー口を落ち着かせます。

9 しつけをかけてキルティングをします。写真ではミシンでキルティングをしました。No.4の作品では手縫いでキルティングをしています。

10 15cm丈のファスナーを用意し、ファスナーつけ口に当て印をつけます。ファスナーのスライダーから0.5cmのところがファスナー口の左端にくるようにし、ファスナー口の幅12cmのところに印をつけます。

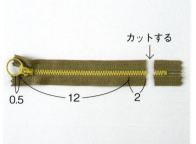

11 12cmで印をつけた位置から2cm残し、ファスナーをカットします。

12 印をつけた位置を糸で縫い止めておきます。（本来は務歯と同色の目立たない色の糸を使用します）

13 ファスナーと本体を合わせてミシンで縫います。

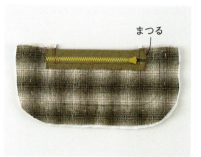

14 ファスナーのテープを裏布にまつりつけます。

15 次に仕切り布をつけます。

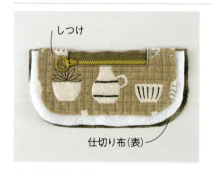

16 本体前側と仕切り布を重ねて周囲にしつけをかけ、仮止めしておきます。

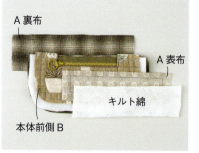

17 本体前側Aの表布とキルト綿、裏布でBをはさむように中表に重ねます。

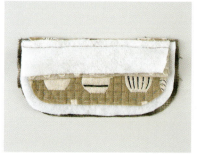

18 ミシンで縫います。

19 キルト綿のみ、縫い目の際でカットします。

20 Aを起こして表に返し、端ミシンをかけます。

21 Aにキルティングをします。ここではミシンで1cm幅の直線のキルティングを入れました。

本体後側を作る

22 本体後側の表布、キルト綿、裏布を重ねてキルティングをします。写真ではミシンで格子のキルティングを入れました。

くるみボタンを作る

23 マグネットボタンとくるみ用布を用意し、くるみ用布の周囲をぐし縫いしてマグネットボタンをくるみます。

タブを作る

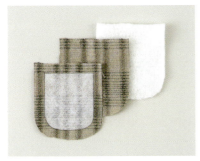

24 タブの表布、裏布、キルト綿を用意します。裏布の裏には接着芯を貼ります。

25 中表に重ねて周囲を縫います。

26 余分なキルト綿を縫い目の際でカットし、表に返します。上からミシンで押さえます。

本体前側と後側を合わせる

27 本体前側と後側を中表に合わせます。

28 しつけで仮止めをしてミシンで縫います。

29 本体前側から縫い代始末用布を合わせ、周囲を縫います。

30 余分の縫い代をカットします。

31 縫い代をくるんで本体後側にまつります。前側には仕切り布があるので、後側に倒すようにしました。

タブをつけて仕上げる

32 本体を表に返し、中心に印をつけます。タブを中心に合わせてまち針で仮止めします。

33 タブを重ねた上から、袋口に縫い代始末用布をつけます。

34 ずれないようにしつけで仮止めしてから、袋口をミシンで縫います。

35 バイアスの端に合わせて余分な縫い代を0.7cmにカットして整えます。

36 縫い代をくるんで裏布側にまつります。

37 タブにくるみボタンをまつり縫いでつけます。

38 でき上がりです！

実際の作品はこのようになります

前側

後側

Yoko's Voice

小ものづくりのアドバイス

　小ものを作る時は、デザインをしながら、同時にどうやって仕立てるかを考えています。縫い代の処理の仕方や、ファスナーなどパーツのつけ方、きれいに効率よく仕立てるために、その構造を考えながらデザインを決めます。どのように判断するかは、これまでのたくさんの失敗や経験が役に立ちます。「あの時はこの方法できれいに仕上げた」「こういうやり方をしたらうまくいかなかった」これまでにたくさんの小ものやバッグを作ってきました。自分の中に引き出しがたくさんあれば、その時々で判断できますね。

　それでも迷う時は、とりあえず縫って形にします。うまくいく時もあれば、やり直す時もあります。作品づくりに近道はありません。ひたすら縫ってみて、自分の手の感覚を身につけていってもらえればと思います。

No. 04　実物大型紙

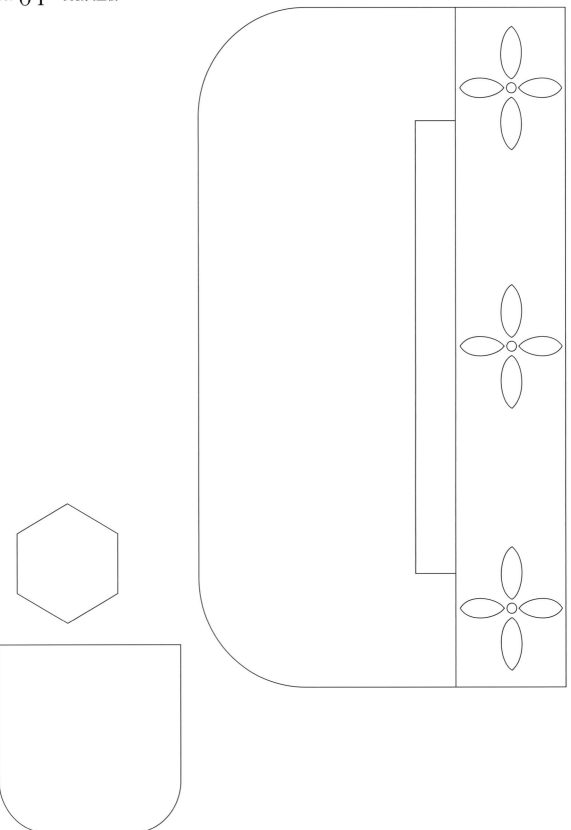

作品の作り方
HOW TO MAKE

- 図の中の寸法の単位はすべてcmです。
- 作り方図や型紙には縫い代が含まれていません。
  裁ち切り（＝縫い代込みまたは必要なし）などの指定がない場合、
  すべてピースワークは周囲に縫い代0.7cm、
  アップリケは0.3cmをつけて布を裁ちます。
- 作品のでき上がり寸法は製図上のサイズで表示しています。
  縫い方やキルティングによって寸法が変わる場合があります。
- キルティング後はでき上がりサイズよりも多くの場合、多少の縮みがあります。
  キルティングが終わったら再度寸法を確認して次の作業にかかるとよいでしょう。
- 仕立てや一部のキルティングにミシンを使っていますが、
  手縫いで作ることもできます。

01 ポーチ

作品6ページ　実物大型紙99ページ

材料
土台布…30×15cm、アップリケ用布…白無地15×15cm、タブ…4.5×4.5cm、裏布・キルト綿各35×15cm、縫い代始末用バイアス布2.5×15cm、20cm丈ファスナー1本、幅1cmDカン1個、25番刺しゅう糸各色各適宜

作り方
1. 土台布にアップリケ、刺しゅうをして本体表布を作る。
2. 本体表布に裏布とキルト綿を重ね袋口を縫ってからキルティングする。
3. ファスナーをつけ底を縫い、縫い代は裏布でくるんでまつる。
4. まちを縫う。
5. タブを本体にはさんで縫い、縫い代始末用バイアス布で始末する。

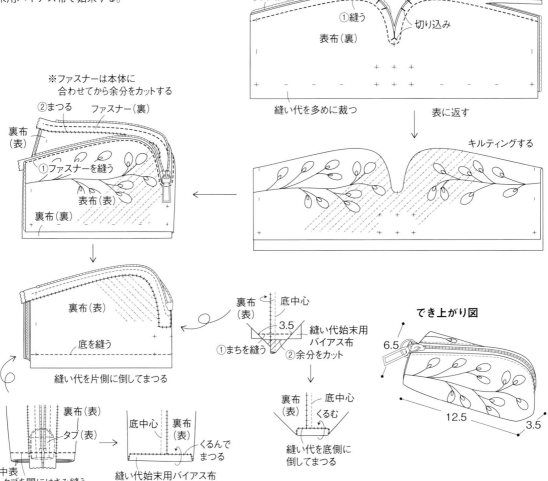

02 青い鳥のポーチ

作品8ページ　実物大型紙100ページ

材料
土台布…プリント35×25cm、アップリケ用布…スクラップ布を使用、まち・底…先染めチェック50×20cm、裏布・キルト綿各50×40cm、薄地接着キルト綿45×5cm、バインディング（バイアス）3.5×40cm、15cm丈ファスナー1本、25番刺しゅう糸各色各適宜

作り方
1. 土台布にアップリケ、刺しゅうをして前側表布を作る。
2. 前・後側表布、まち・底表布のそれぞれにキルト綿と裏布を重ねてキルティングする。まち・底裏布の縫い代は多めに裁つ。
3. 前・後側とまち・底を中表に合わせて縫い、縫い代を多めに裁った裏布でくるんで始末する。
4. 袋口にファスナーをバインディングでつける。

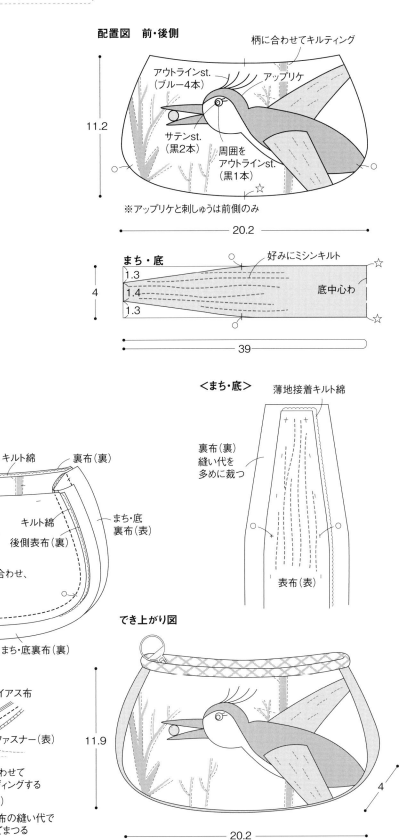

03 持ち手のついたポーチ

作品10ページ

材料
パッチワーク用布…スクラップ布を使用（持ち手・タブを含む）、まち2種・後側…チェック50×20cm、裏布・キルト綿各50×40cm、18cm丈ファスナー1本、縫い代始末用バイアス布2.5×100cm、接着芯適宜

作り方
1 パッチワークをして前側表布を作る。
2 1にキルト綿と裏布を重ねてキルティングして縫い代をつけてカットする。
3 後側表布にキルト綿と裏布を重ねてキルティングする。
4 ファスナーまちにファスナーをはさんで縫い、両端にタブを仮止めする。
5 底まち表布、キルト綿、裏布に4をはさんで縫い、表に返してキルティングをする。
6 前・後側に持ち手を仮止めし、5と中表に合わせて印を合わせて縫う。縫い代をバイアス布でくるんで始末する。

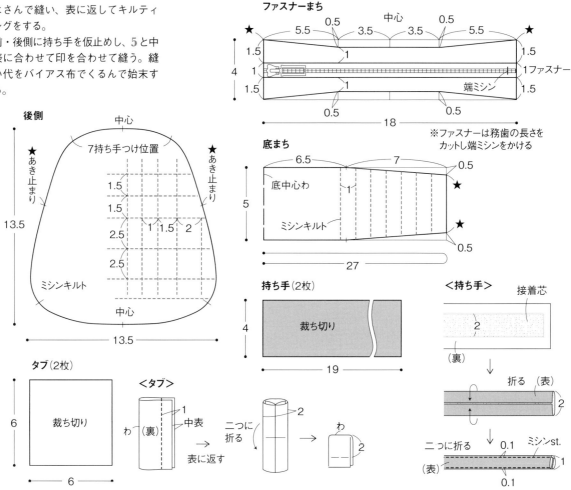

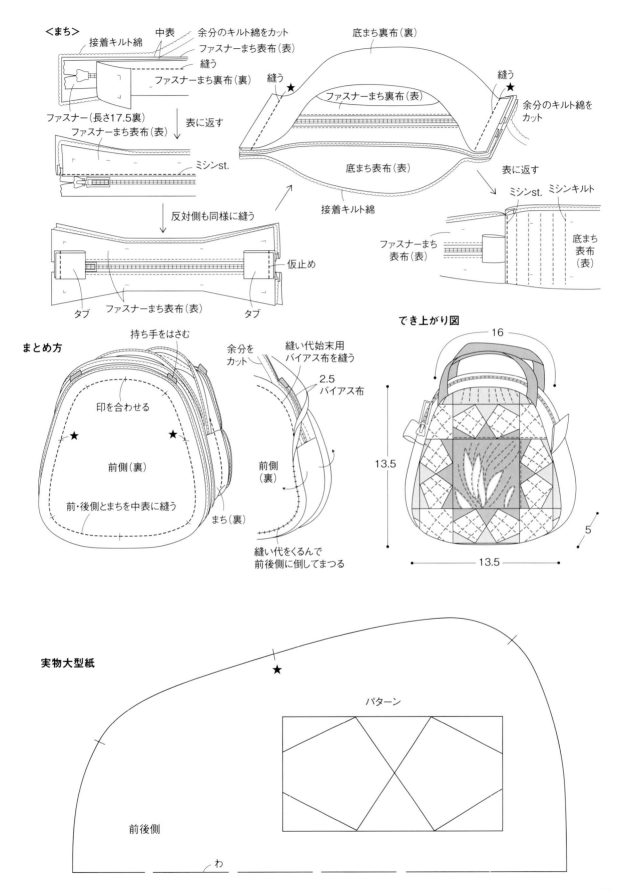

05 がま口ポーチ

作品14ページ　実物大型紙99ページ

材料
パッチワーク用布…スクラップ布を使用、裏布・キルト綿各40×40cm、幅12×6cm玉つき口金1個

作り方
1 パッチワークをして本体表布2枚とまち表布2枚を作る。
2 本体表布それぞれに裏布を中表に合わせ、キルト綿を重ねて返し口を残して縫う。
3 2を表に返してキルティングをする。同様にまちを作る。
4 本体とまちを巻きかがりとすくいとじで閉じ、輪に作る。
5 本体に口金をつける。

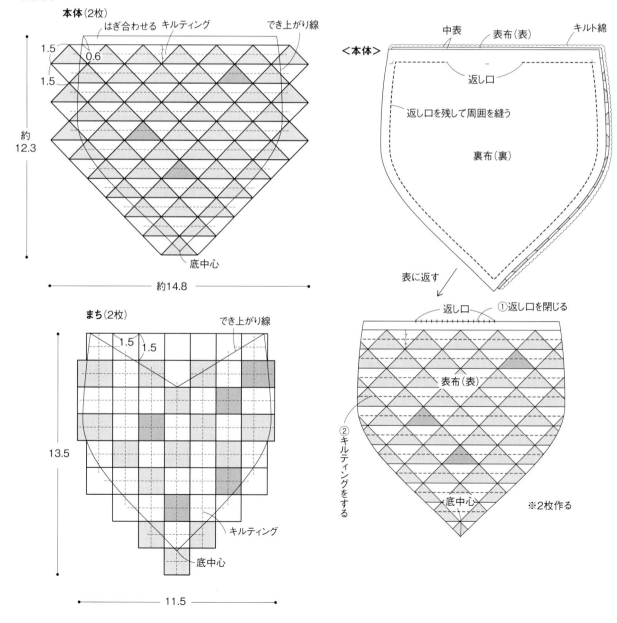

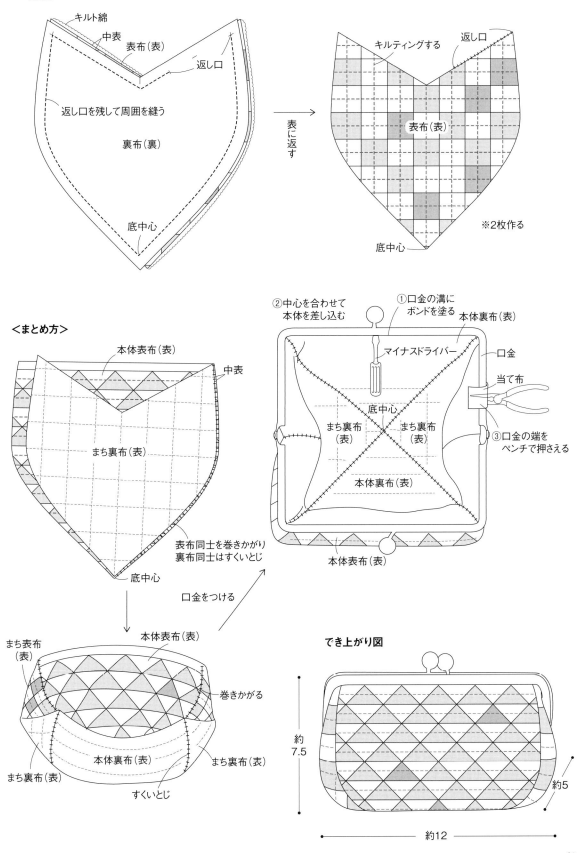

06 まるいポーチ

作品16ページ

材料
パッチワーク用布…スクラップ布を使用、裏布・キルト綿各35×20cm、12cm丈ファスナー1本、幅1.5cm革テープ10cm

作り方
1. パッチワークをしてA、B、B'、まち表布を作る。
2. 1それぞれに裏布とキルト綿を中表に合わせて返し口を残して周囲を縫う。
3. 表に返して返し口を閉じてキルティングする。
4. A、B、B'を縫い合わせて本体2枚を作る。
5. 本体とまちを縫い合わせる。
6. ファスナーをつけタブをつける。

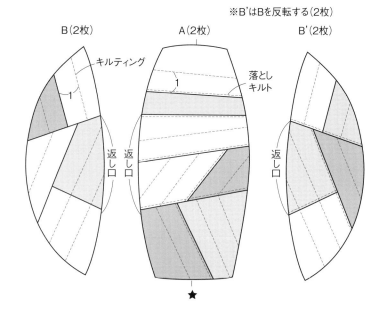

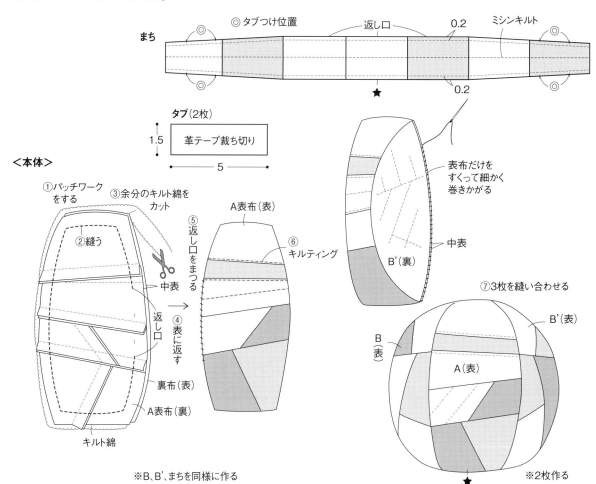

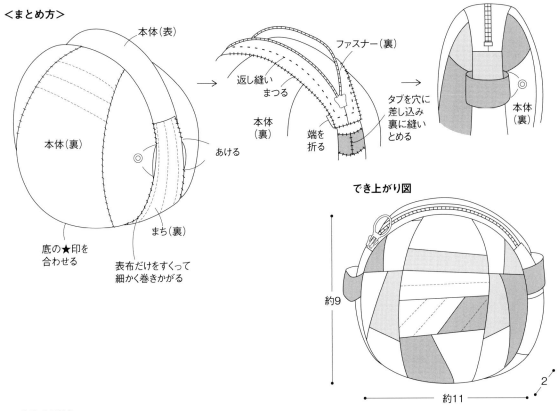

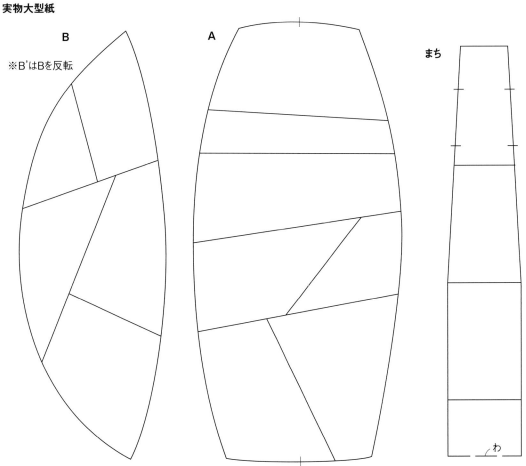

07 チューリップのポーチ

作品18ページ　実物大型紙101ページ

材料
土台布…25×25cm、アップリケ用布…スクラップ布を使用、まち・底…先染めチェック（縫い代始末用布を含む）50×20cm、持ち手…16×20cm、裏布・キルト綿各30×30cm、縫い代始末用バイアス布2.5×85cm、20cm丈ファスナー1本、接着芯・25番刺しゅう糸各色各適宜

作り方
1 土台布を作り、アップリケ、刺しゅうをして本体表布を作る。
2 本体表布に裏布とキルト綿を重ねてキルティングする。
3 図を参照してファスナーをつけたまち・底を作る。
4 持ち手を作る。
5 本体とまち・底を中表に合わせ、間に持ち手をはさんで縫う。
6 5の縫い代を縫い代始末用バイアス布で始末する。

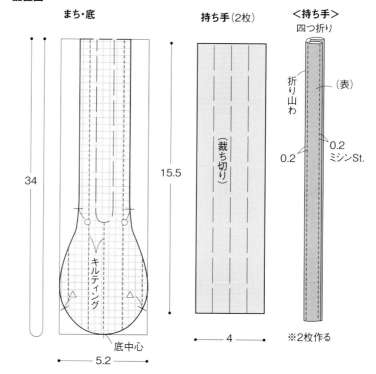

配置図

<アウトラインステッチ>

<フレンチノットステッチ>

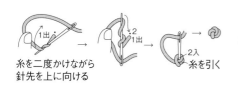

<レイジーデイジーステッチ>

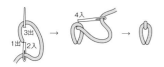

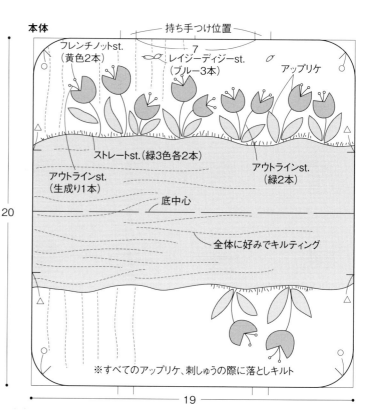

<まち・底>

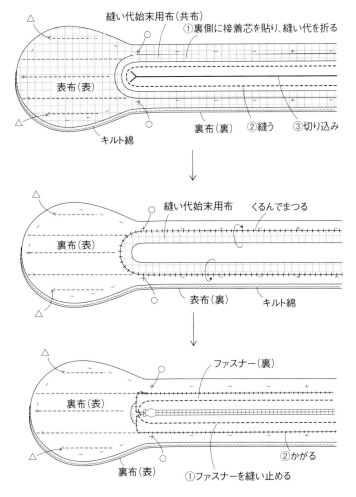

<まとめ方>

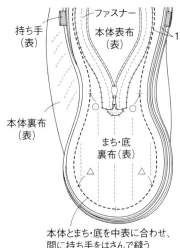

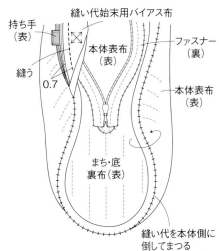

でき上がり図

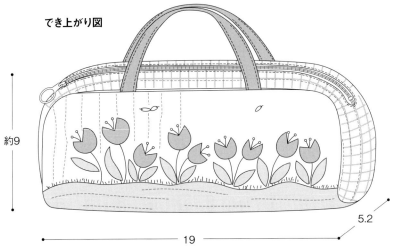

08 ビニールのポーチ

作品 20 ページ

材料 ※（ ）の中の数字は小のサイズ
アップリケ用布・端布…スクラップ布を使用、土台布…25×20（20×20）cm、外側布・バインディング用布…25×25（25×20）cm、前側用ビニール…13×21（11×17）cm、21（17）cm丈ファスナー1本、両面接着芯適宜

作り方
1 土台布にアップリケをする。
2 前側ビニールの上をバインディングしてファスナーをつける。
3 2を1と外側布にはさんで縫い、内側布と外側布にファスナーをはさんで縫う。
4 ファスナーにスライダーを通し、両脇を端布でバインディングする。

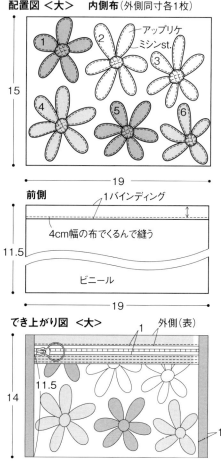

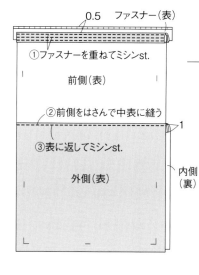

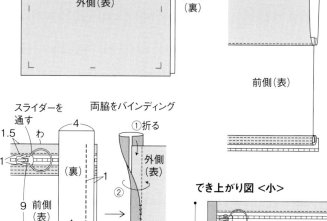

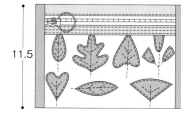

アップリケ図案

09 枝葉の巾着

作品 21 ページ

材料
土台布…プリント50×25cm、アップリケ用布…スクラップ布を使用(ひも先飾りを含む)、裏布50×25cm、直径0.2cm丸ひも110cm、25番刺しゅう糸茶色適宜

作り方
1. 配置図を参照して、土台布にアップリケ、刺しゅうをして前側表布を作る。
2. 1と裏布を合わせひも通し口をあけてあき止まりからあき止まりまで袋口を縫う。後側を同様に縫う。
3. 前・後側同士、裏布同士をそれぞれの底側を縫う。裏布は返し口を残す。
4. 3を表に返して、返し口を閉じる。
5. 4の袋口にひも通しを縫い、丸ひも2本を通し、ひも先飾りをつける。

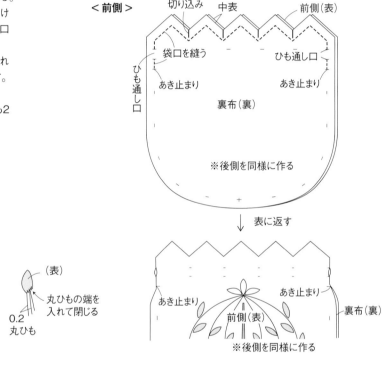

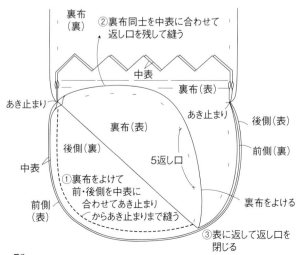

実物大型紙

ひも先飾り

10 ハウスの小もの入れ

作品 22 ページ

材料
土台布…先染めチェック45×10cm、アップリケ用布…スクラップ布を使用、底・パッチワーク用布…緑プリント20×15cm、持ち手用布…茶色プリント10×25cm、バインディング(バイアス)3.5×45cm、中袋・キルト綿・当て布・厚手接着芯各45×25cm、薄手接着芯10×20cm、1cmボタン4個、両面接着芯・金糸各適宜

作り方
1. 土台布にアップリケをし、パッチワーク、刺しゅうをする。キルト綿、当て布を重ねてキルティングをして本体を作る。
2. 底布にキルト綿と当て布を重ねてミシンキルトをする。
3. 本体と底を縫い合わせる。
4. 中袋本体と底に厚手接着芯を貼り、縫い合わせる。
5. 本体と中袋を合わせ、袋口をバインディングする。
6. 持ち手を作りボタンで縫い止める。

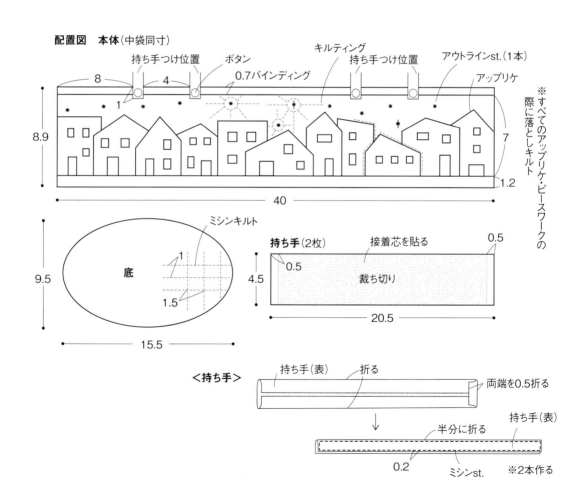

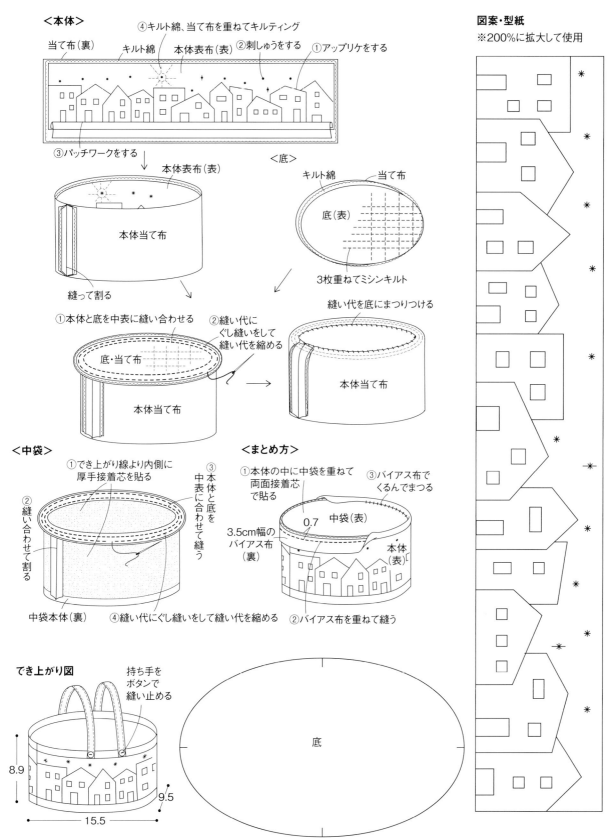

11/12 うさぎのカップル

作品24ページ　実物大型紙102ページ

材料（男の子・女の子共通）
A布…先染め布12×6cm、B布…プリント30×8cm、C布…30×8cm、ツイード40×10cm、ドミット芯10×10cm、25番刺しゅう糸各色・詰め綿各適宜
（男の子のみ）幅0.5cmテープ20cm、直径0.7cmボタン4個

作り方
1. 裁ち方図を参照して布を裁ち、足、手、耳、頭と胴をそれぞれ作る。
2. 胴に足、腕、耳をつける。
3. 男の子のみサスペンダーをつける。
4. 顔の刺しゅうをする。

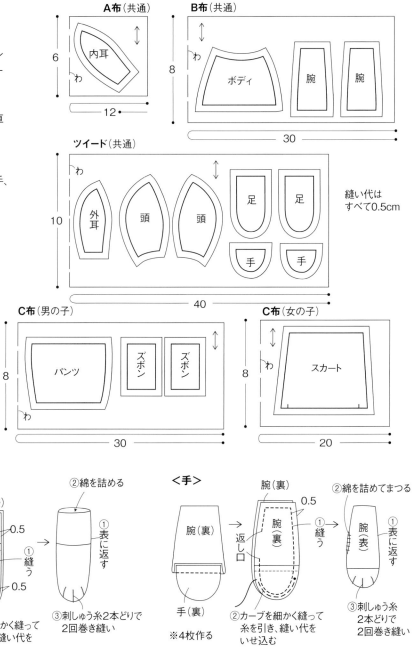

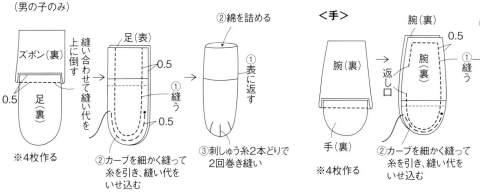

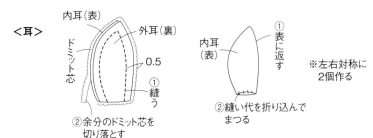

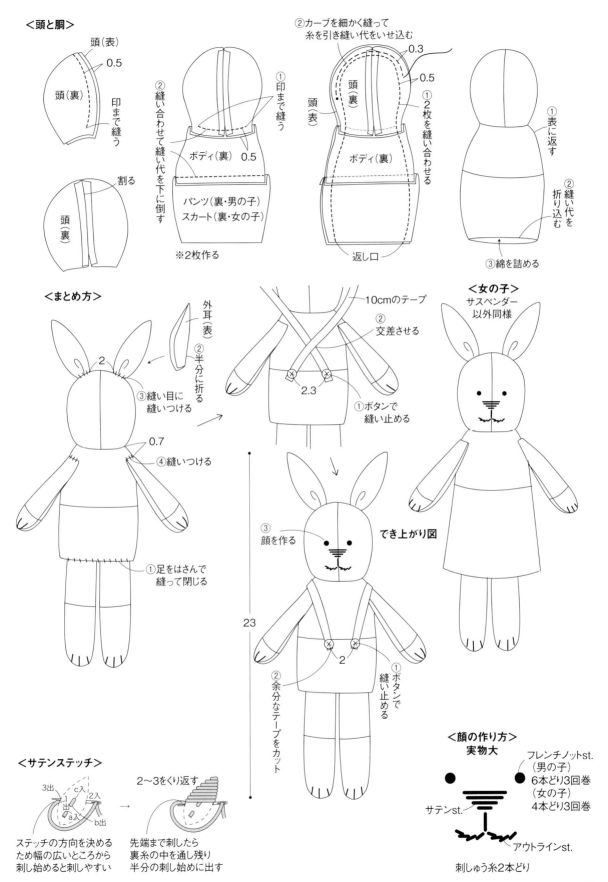

13/14
とりの家、犬の家

作品 26 ページ　型紙 78 ページ

材料 （13・14共通）
本体土台布・アップリケ用布・タブ…スクラップ布を使用、裏布・当て布・キルト綿各35×30cm、プラスチックボード30×20cm、25番刺しゅう糸各色各適宜、（13のみ）直径1.1cmボタン1個、力ボタン1個、0.3cmのコード6cm、5番刺しゅう糸（ベージュ）適宜、（14のみ）直径1.1cmマグネットボタン2個

作り方 （13・14共通）
1. 各パーツの土台布に、それぞれアップリケと刺しゅうをする。
2. 土台布をパッチワークし、キルト綿と当て布を重ねてキルティング。
3. 2に裏布を重ね、両サイドを縫い合わせて表に返す。
4. 本体と裏布の間にプラスチックボードを入れながら、境目を縫う。
5. 13はループ、14はタブを作ってはさみ、返し口を縫う。
6. 壁をすくいとじで縫い合わせる。
7. 13はボタンをつける。

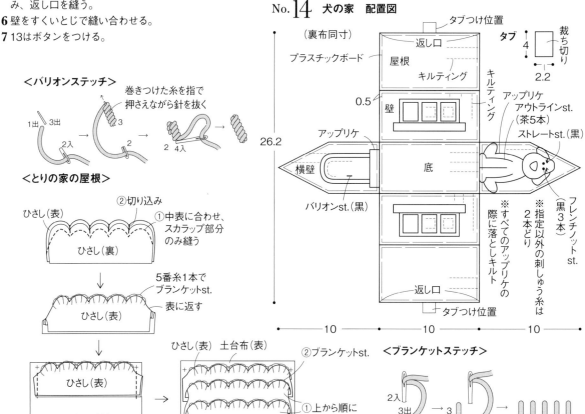

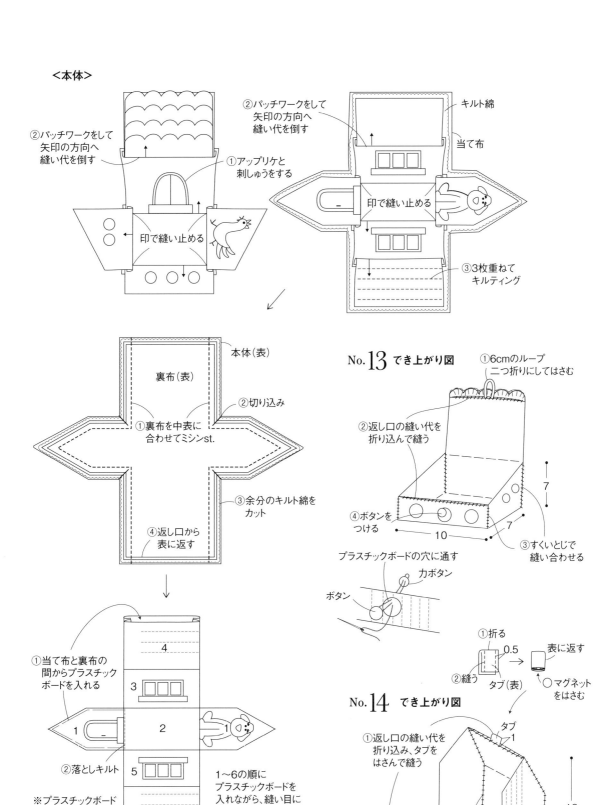

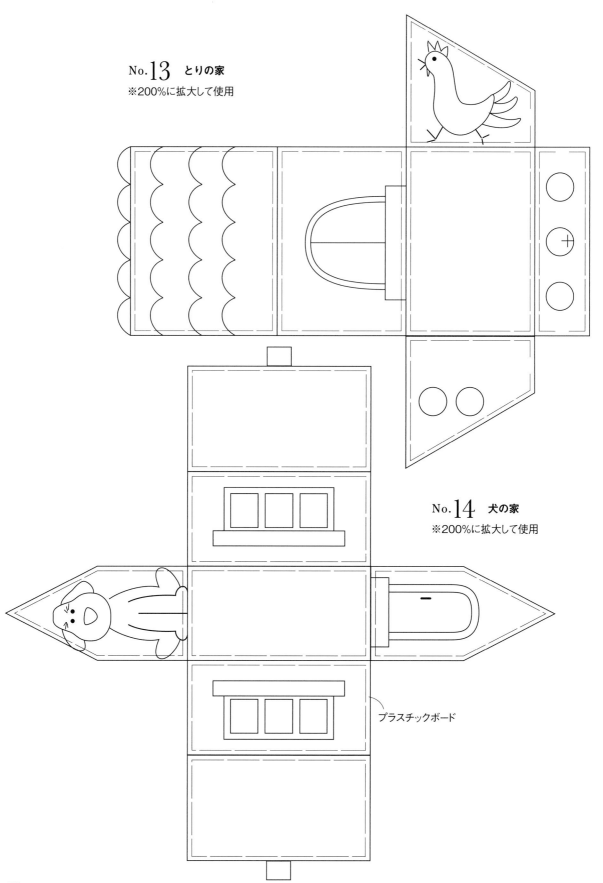

15 青いとんぼ

作品28ページ

<アウトラインステッチ>
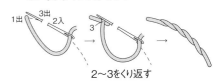
2〜3をくり返す

<レイジーデイジーステッチ>

<コロニアルノットステッチ>

材料
土台布…プリント30×30cm、アップリケ用布…スクラップ布を使用、裏布・キルト綿各35×35cm、縫い代始末用バイアス布2.5×120cm、25番刺しゅう糸各色各適宜

作り方
1 土台布にアップリケ、刺しゅうをして表布を作る。
2 1に裏布とキルト綿を重ねてキルティングする。
3 2の周囲に縫い代始末用バイアス布を縫い、縫い代をくるんで裏側に倒してまつる。

配置図 ※実物大図案は図を200%に拡大して使用

※すべてのアップリケ・刺しゅうの際に落としキルト

16 小もの入れ

作品30ページ

材料
パッチワーク用布…スクラップ布を使用(側面・底を含む)、裏布(ふた内側・底内側を含む)・キルト綿各30×30cm、バインディング(バイアス)3.5×35cm、当て布・特厚地接着芯各20×10cm、幅3cmジョイント用テープ20cm、20cm丈ファスナー1本、ビーズ＝直径1.3・0.4cm各1個、直径0.6cmボタン1個、プラスチックボード適宜

作り方
1 パッチワークをしてふた表布を作る。
2 1にキルト綿と当て布を重ねてキルティングし、中心に穴を開けたプラスチックボードをくるむ。
3 ファスナーをジョイント用のテープではさんで輪に作る。
4 3にふたをすくいとじでつける。
5 ふたの内側に特厚地接着芯をくるんだふた内側をまつる。
6 側面と底を作り、側面を輪に縫い、底と縫い合わせ、入れ口をバインディングする。
7 5の片側のファスナーに側面を返し縫いでつけ、側面裏布にジョイントをまつり止める。
8 ふたの中心にビーズをつける。

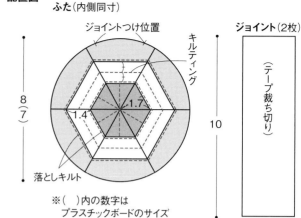

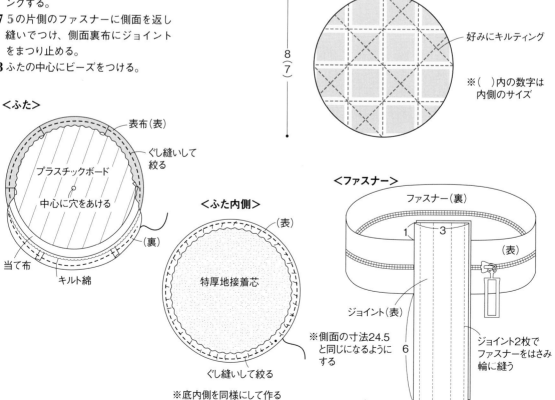

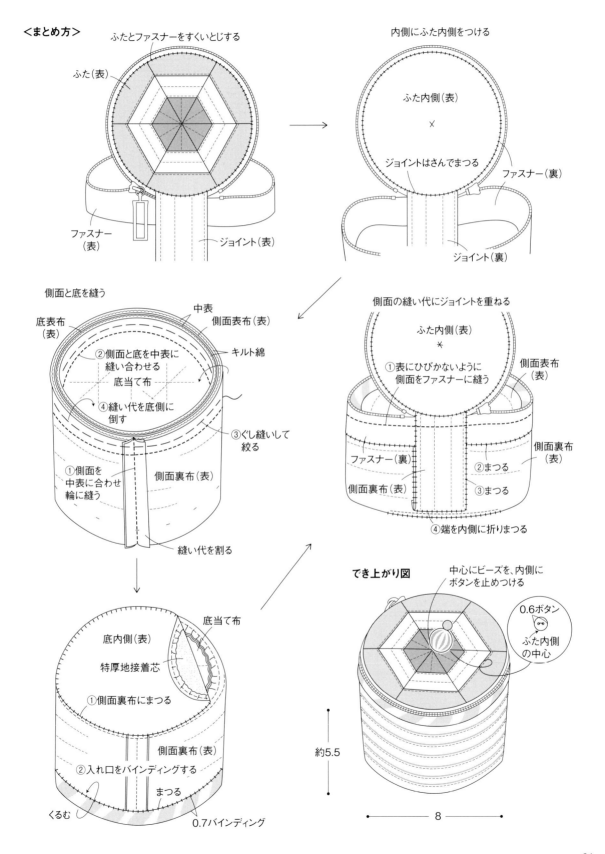

17
コインケース

作品 32 ページ　実物大型紙 103 ページ

材料
パッチワーク用布…スクラップ布を使用（くるみボタン含む）、本体B…15×10cm、裏布・キルト綿各25×20cm、直径1cmマグネットボタン2個

作り方
1. パッチワークをして本体A表布を作る。
2. 本体A・B表布それぞれに裏布を中表に合わせ、キルト綿を重ねて返し口を残して縫う。
3. 2を表に返してキルティング。
4. くるみマグネットボタンを作りつける。
5. 本体AとBを合わせて巻きかがる。

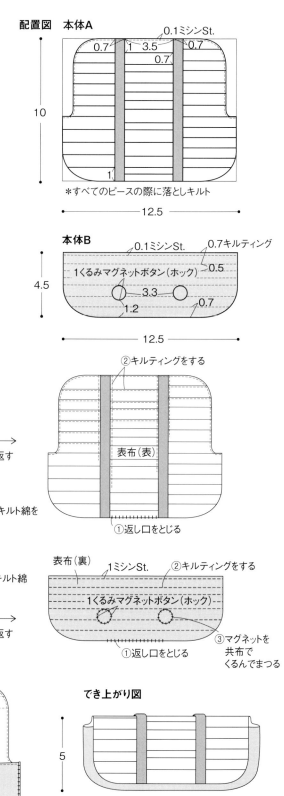

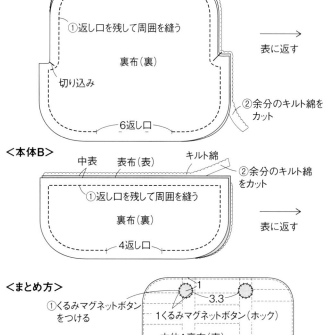

18 お裁縫入れ

作品 34 ページ

材料
パッチワーク用布…スクラップ布を使用、チュール13×9cm、内側布・キルト綿各15×13cm、幅2.5cmテープ25cm、幅12×6玉つき口金1個、25番刺しゅう糸生成り適宜

作り方
1. パッチワークと刺しゅうをして表布を作る。
2. 内ポケットの上下をテープで包んで縫い、内側布に重ねて底中心を縫う。
3. 表布にキルト綿を重ねて2を中表に重ねて返し口を残して周囲を縫う。
4. 表に返して返し口を閉じ、本体の端を口金に差し込み縫い止める。

実物大型紙

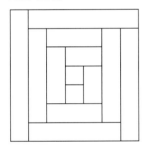

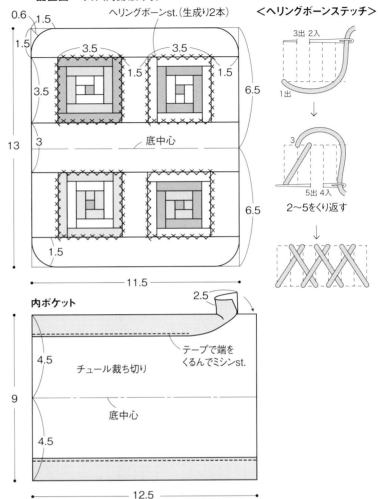

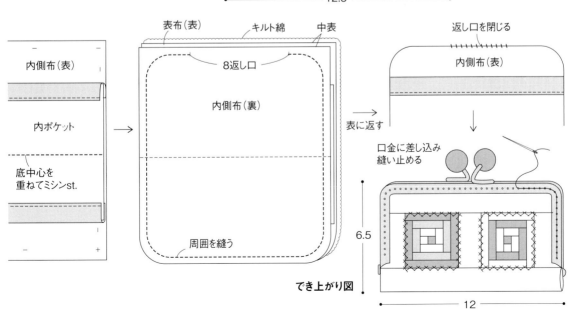

19 スイカのピンクッション

作品 35 ページ

材料

A：パッチワーク・アップリケ用布…赤チェック・白無地各16×16cm、緑チェック30×30cm、直径0.8cmボタン10個、詰め綿適宜

B：パッチワーク・アップリケ用布…赤チェック・白無地各15×15cm、緑チェック15×15cm、直径0.5cmビーズ8個、詰め綿適宜

C：パッチワーク・アップリケ用布…赤チェック・白無地各15×15cm、緑チェック12×12cm、直径0.5cmビーズ6個、詰め綿適宜

作り方

1. 本体にアップリケをする。
2. BとCは○印を中表に縫う。
3. 本体と底を中表に合わせて返し口を残して縫う。
4. 表に返して綿を詰め返し口を閉じる。
5. ボタンまたはビーズを縫い止める。

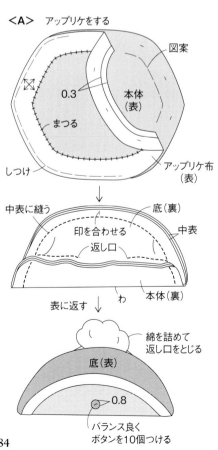
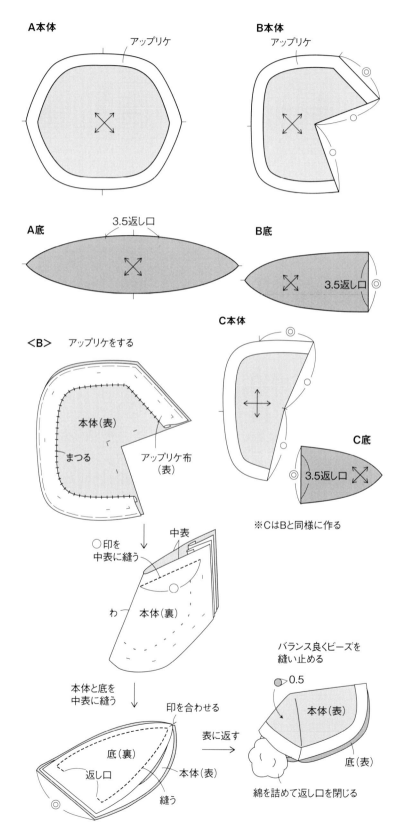

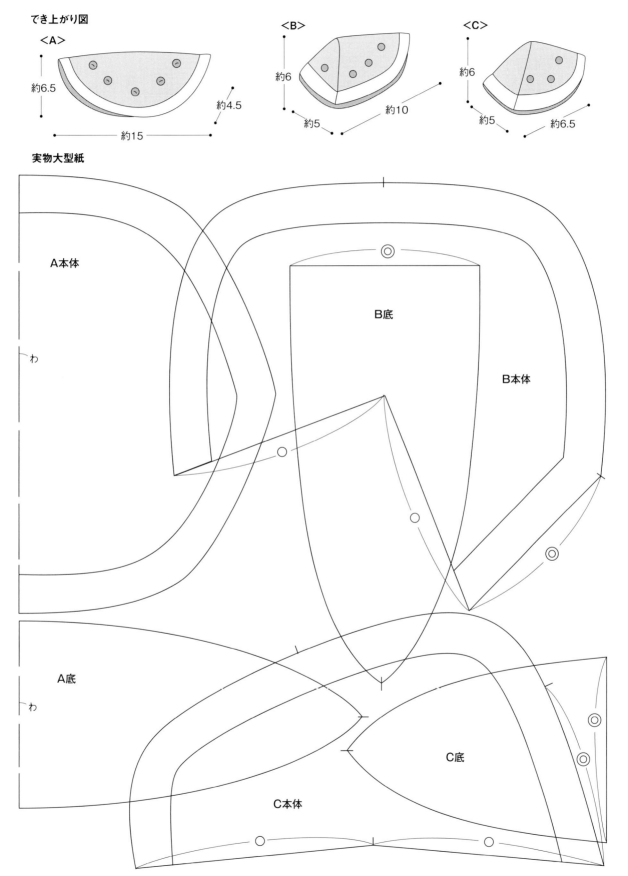

20 不思議な虫のコインケース

作品 36 ページ

材料

土台布・アップリケ用布…スクラップ布を使用、後側・仕切り2種…プリント80×20cm、内側布…20×15cm、当て布・キルト綿各30×20cm、バインディング（バイアス）…3.5×70cm、接着芯40×30cm、フリーファスナー70cm、スライダー1個、幅1.5cmリボン10cm、25番刺しゅう糸各色各適宜

作り方

1 土台布にアップリケと刺しゅうをして前側表布を作る。
2 1と後側表布それぞれにキルト綿と当て布を重ねてキルティングをする。
3 前側と後側を縫い合わせて内側布を重ねる。
4 仕切りを作り内側に縫う。
5 周囲をバインディングしてタブをつける。
6 ファスナーをつけて端を始末する。

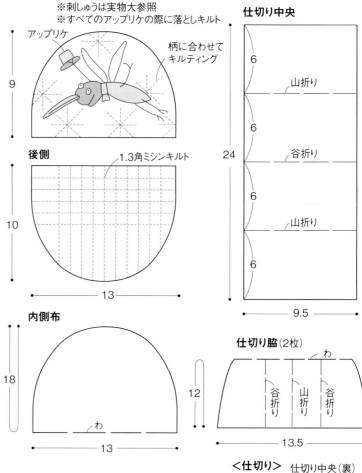

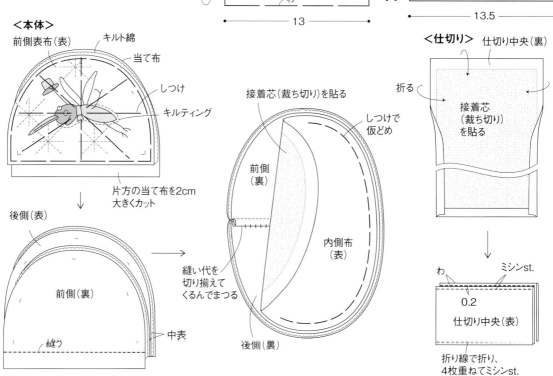

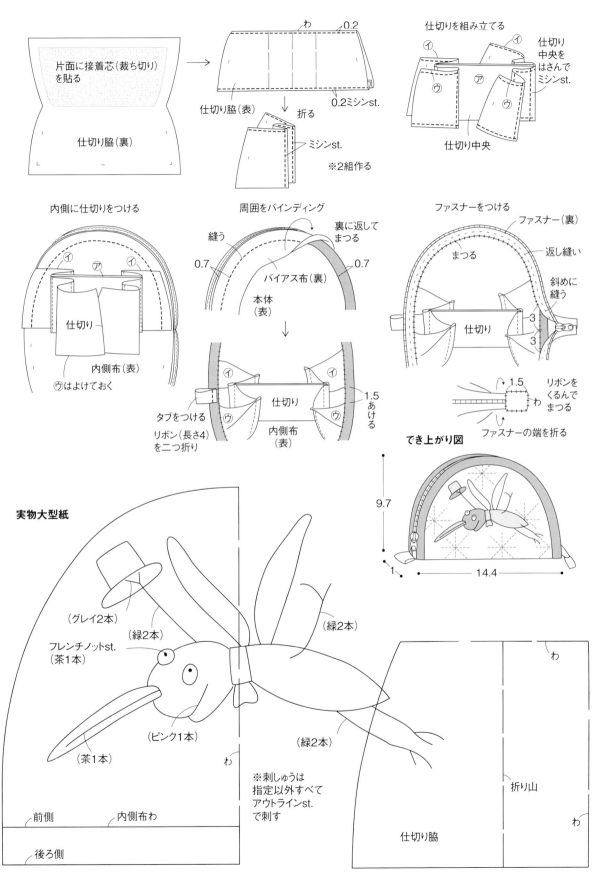

21 海洋のサコッシュ

作品38ページ

材料
土台布…40×20cm、アップリケ用布…15×10cm、裏布・キルト綿各40×30cm(ポケット含む)、底・当て布各20×10cm、接着芯・厚手接着芯・両面接着芯各15×5cm、バインディング(バイアス)3.5×35cm、幅0.5cm平コード12cm、幅2cm平テープ30cm、ショルダータイプの持ち手1本、25番刺しゅう糸各色各適宜

作り方
1 土台布にアップリケと刺しゅうをする。
2 1にキルト綿と裏布を重ねてキルティングをして本体を作る。
3 本体を輪に縫い、裏布で縫い代をくるんでまつる。
4 ポケットをつける。
5 底表布にキルト綿、当て布を重ねてキルティングし、本体と合わせて縫う。
6 底裏布に厚手接着芯を貼り、本体底につける。
7 本体袋口にタブをつけ、バインディングする。
8 持ち手をつける。

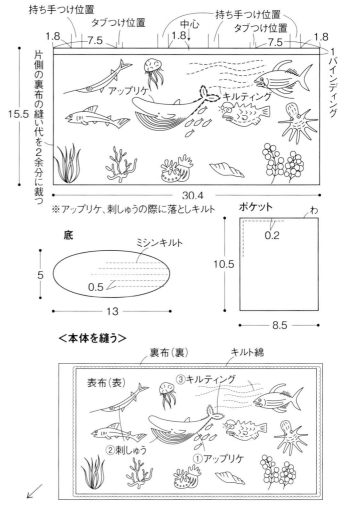

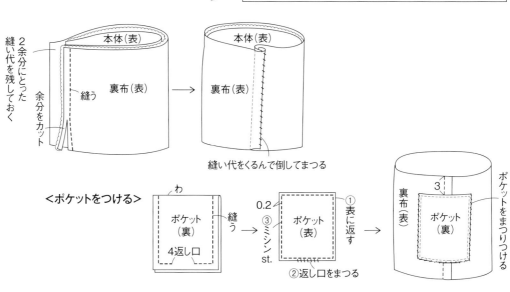

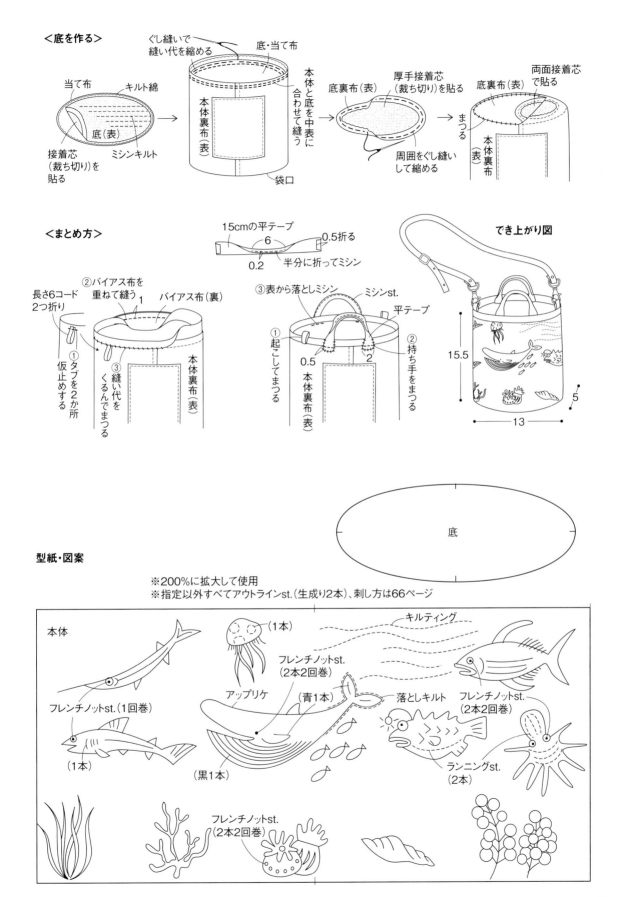

22
ロールティッシュホルダー

作品40ページ　図案103ページ

材料
土台布…先染めストライプ20×50cm、
上ふた…先染めドット柄20×20cm、
アップリケ用布…スクラップ布を使用、
裏布・キルト綿各20×70cm、バイ
ンディング（バイアス）…2種各3.5×45cm、
厚地接着芯15×15cm、内径2.6cmハト
メ1個、25番刺しゅう糸各色各適宜

作り方
1 土台布にアップリケ、刺しゅうをして側面表布を作る。
2 1にキルト綿と裏布を重ねてキルティングをする。
3 側面を輪に縫い、縫い代の始末をする。
4 上ふた表布にキルト綿と厚地接着芯を貼った裏布を重ねてキルティングをし、中央を丸くカットし、際にミシンをかける。
5 本体の底側をバインディング、上側に上ふたを中表に合わせて縫い、周囲をバインディングする。
6 上ふたにハトメをはめる。

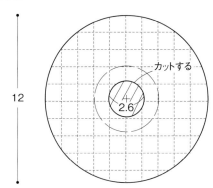

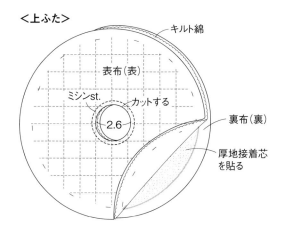

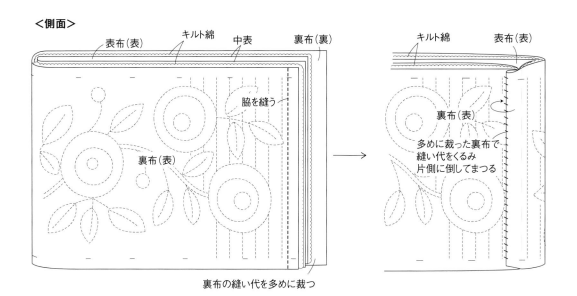

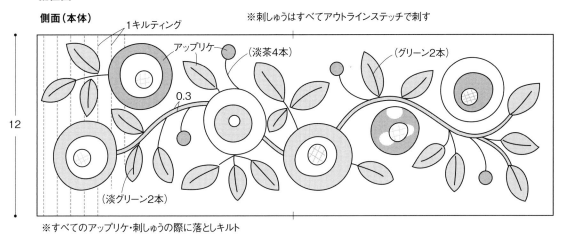

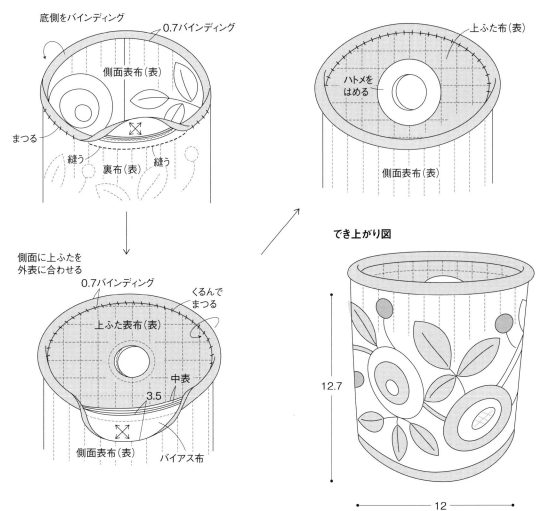

23 メガネケース

作品41ページ

材料
土台布…ギンガムチェック25×20cm（後側含む）、アップリケ用布・タブ…スクラップ布を使用、裏布・キルト綿各30×25cm、バインディング（バイアス）2.5×35cm、20cm丈ファスナー1本、25番刺しゅう糸各色各適宜

作り方
1 土台布にアップリケと刺しゅうをして前側表布を作る。
2 前・後側表布に裏布、キルト綿を重ねて縫い、表に返してキルティングをする。
3 前・後側それぞれにファスナーをつける。
4 底を縫い、バインディングする。
5 ファスナーの端にタブをつける。

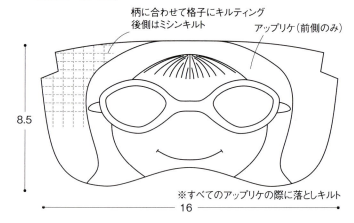

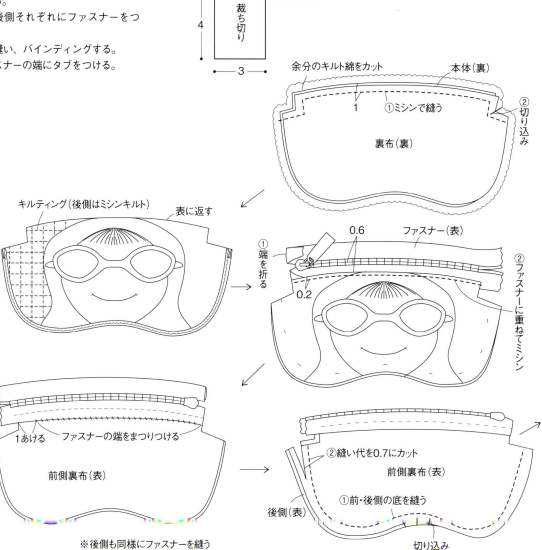

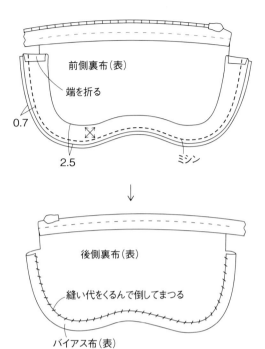

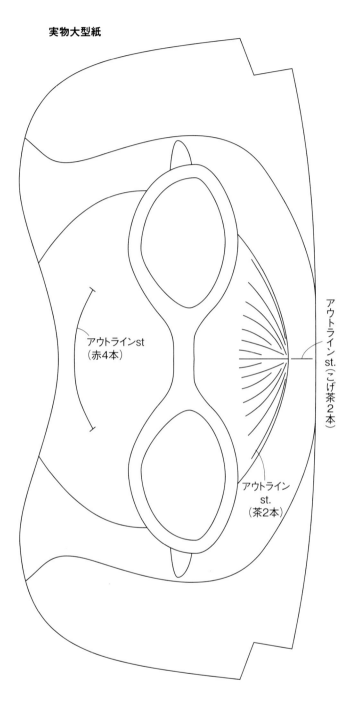

実物大型紙

アウトラインst（赤4本）

アウトラインst.（こげ茶2本）

アウトラインst.（茶2本）

<タブのつけ方>

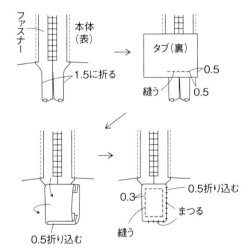

でき上がり図

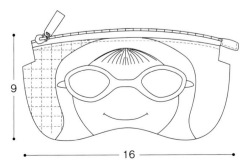

24 スマートフォンケース

作品42ページ

材料
土台布・ショルダー…ストライプ25×120cm、アップリケ用布…スクラップ布を使用、まち・後側…ドット45×25cm、裏布・キルト綿各50×35cm、25番刺しゅう糸白適宜、幅12×6cm玉つき口金1個

作り方
1. 土台布にアップリケと刺しゅうをして前側表布を作る。
2. 1に裏布とキルト綿を中表に合わせて返し口を残して周囲を縫う。
3. 表に返してキルティングする。後側とまちを同様に縫う。
4. 前・後側とまちを中表に合わせて巻きかがりで仕立てる。
5. 口金をつける。ショルダーを作って後側に縫い止める。

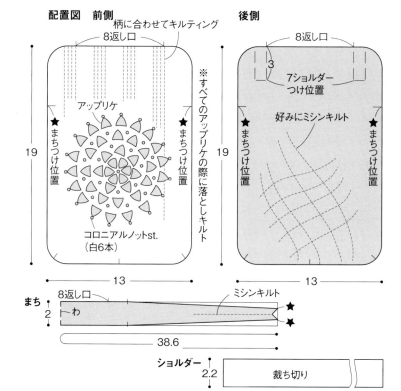

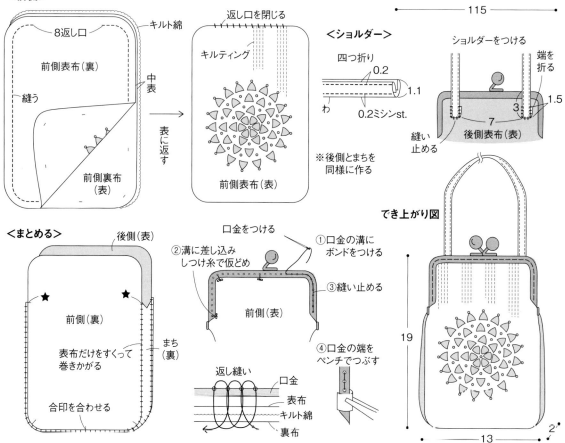

<コロニアルノットステッチ>

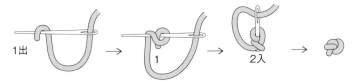

実物大型紙

25
ペットボトル入れ

作品 44 ページ　図案 103 ページ

材料
土台布…30×25cm、アップリケ布…スクラップ布を使用、まち・底…プリント・先染めなど45×25cm、持ち手用布25×10cm、キルト綿・裏布各55×30cm(当て布含む)、バインディング(バイアス)…3.5×60cm、接着芯2×20cm

作り方
1. 土台布にアップリケをする。パッチワークをして本体表布を作る。
2. 1にキルト綿と裏布を重ねてキルティングをする。
3. 袋口をバインディングし、本体の脇を縫う。縫い代の始末をする。
4. まちを作り縫う。
5. 持ち手を作り本体につける。

配置図

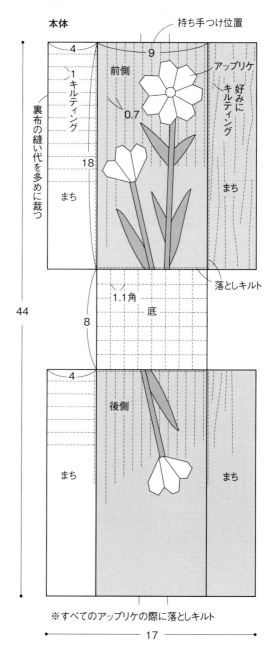

※すべてのアップリケの際に落としキルト

持ち手

<持ち手> 縫い代をつけて布を裁つ

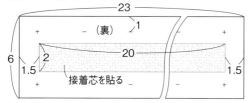

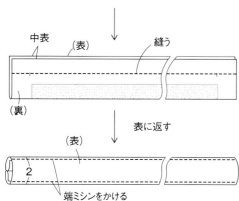

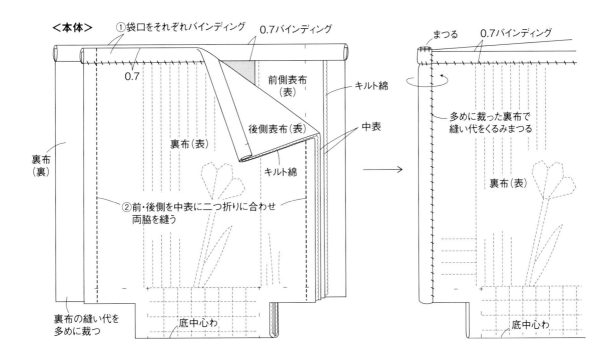

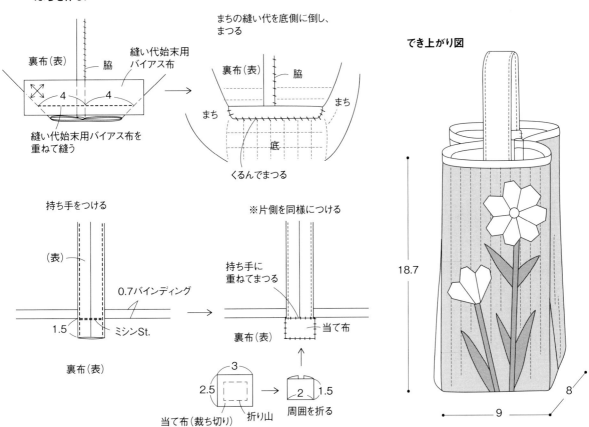

26 カードケース

作品46ページ

材料
土台布…30×25cm、アップリケ布…スクラップ布を使用、まち・底…プリント・先染めなど45×25cm、持ち手用布25×10cm、キルト綿・裏布55×30cm、バインディング用バイアス布…3.5×60cm、接着芯2×20cm、20cm丈ファスナー1本

作り方
1. 土台布にアップリケをして本体表布を作る。
2. 1に裏布、キルト綿を重ねて縫い、表に返してキルティングをする。
3. ファスナーをつける。
4. 底をミシンで縫い、縫い代でくるんでまつる。

実物大図案

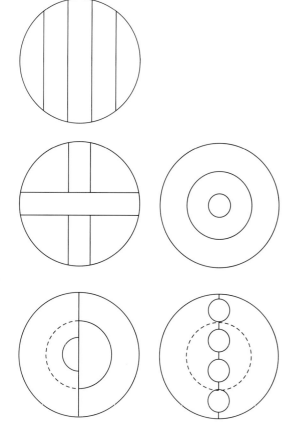

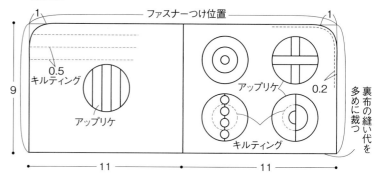

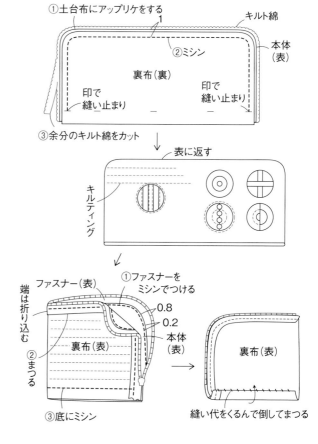

でき上がり図

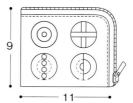

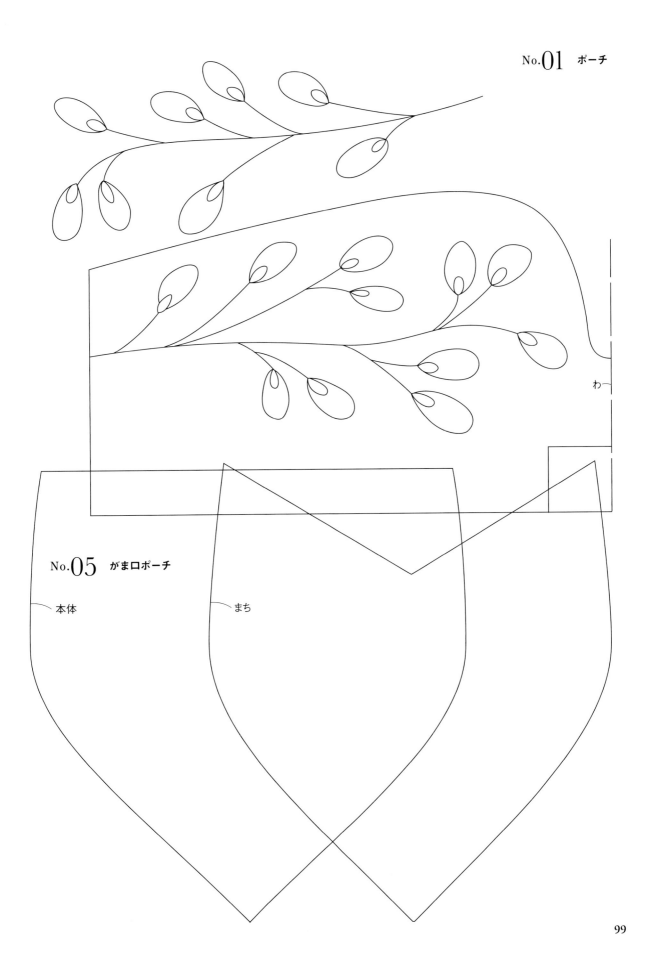

No.02 青い鳥のポーチ

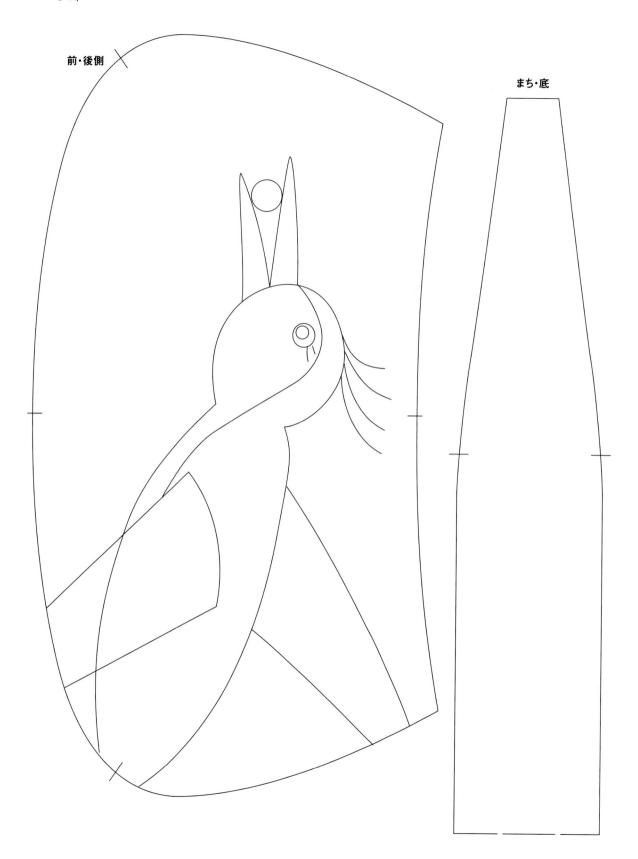

No.07 チューリップのポーチ

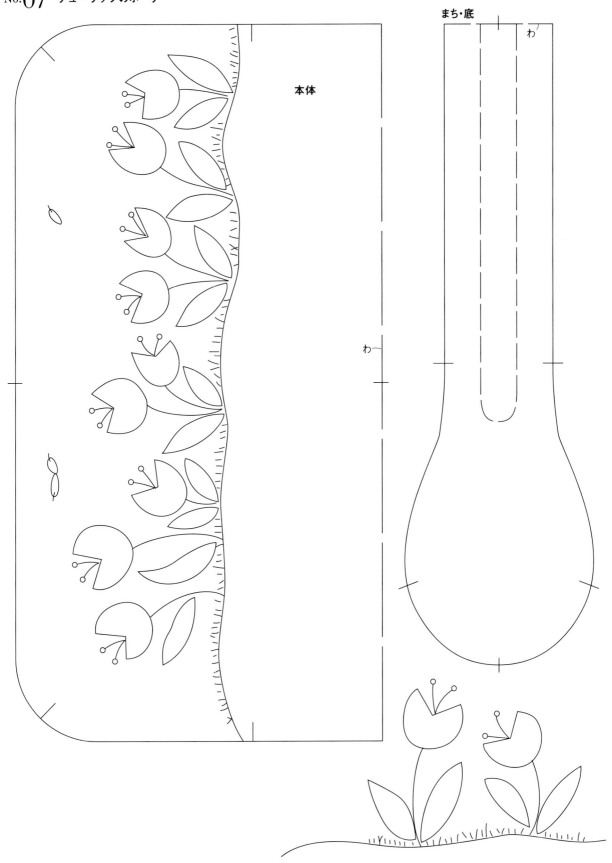

No.11/12　うさぎのカップル

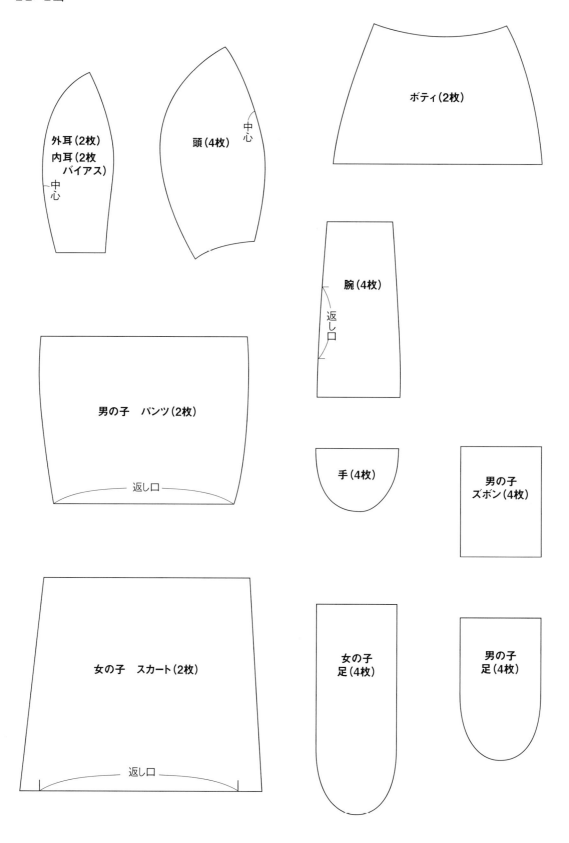

斉藤謠子　パッチワークキルト作家。トーンを大切にした配色と丁寧な作りの作品は、日本だけにとどまらず海外にも数多くファンを持つ。テレビ、雑誌などで幅広く活躍。千葉県市川市にてキルトショップ&教室「キルトパーティ」主宰。日本ヴォーグ社キルト塾、NHK文化センター講師などを務める。
著書に『斉藤謠子　お気に入りの布で作るキルト』、『斉藤謠子　私のキルト』(以上小社刊)など多数。

キルトパーティ
(ショップ&教室)
〒272-0034　千葉県市川市市川1-23-2 アクティブ市川2F
Tel.047-324-3277　Fax.047-325-2788
ホームページ　http://www.quilt.co.jp
Webショップ　http://shop.quilt.co.jp

制作協力／石田照美、折見織江、河野久美子、中嶋恵子、船本里美、山田数子

STAFF
撮影／石井宏明、森谷則秋(48〜55ページ)
スタイリスト／井上輝美
ブックデザイン／竹盛若菜
トレース／tinyeggs studio 大森裕美子
モデル／井上 彩
編集協力／片山優子、鈴木さかえ、宮本みえ子
編集担当／石上友美

撮影協力　AWABEES・UTUWA
〒151-0051
東京都渋谷区千駄ヶ谷3-50-11 明星ビルディング5F
Tel.03-5786-1600　Tel.03-6447-0070

あなたに感謝しております
We are grateful.
手づくりの大好きなあなたが、
この本をお選びくださいましてありがとうございます。
内容はいかがでしたでしょうか？
本書が少しでもお役にたてば、こんなにうれしいことはありません。
日本ヴォーグ社では、手づくりを愛する方とのお付き合いを大切にし、
ご要望にお応えする商品、サービスの実現を常に目標としています。
小社並びに出版物について、何かお気づきの点やご意見がございましたら、
なんなりとお申し付けください。
そういつあなたに私共は常に感謝しております。
株式会社日本ヴォーグ社 社長　瀬戸信昭
Fax.03-3383-0602

斉藤謠子の手のひらのたからもの

パッチワークで作る愛しの小ものたち

発行日／2018年12月3日　第1刷
　　　　2019年3月10日　第4刷
発行人／瀬戸信昭
編集人／今ひろ子
発行・発売／株式会社日本ヴォーグ社
〒164-8705 東京都中野区弥生町5-6-11
Tel.03-3383-0634(編集)　Tel.03-3383-0628(販売)
振替　00170-4-9877
出版受注センター／Tel.03-3383-0650　Fax.03-3383-0680
印刷所／凸版印刷株式会社
Printed in Japan　©Yoko Saito 2018
ISBN978-4-529-05864-3　C5077
NV70518

●本書の複写に関わる複製、上映、譲渡、公衆送信(送信可能化を含む)の各権利は株式会社日本ヴォーグ社が管理の委託を受けています。
JCOPY＜(社)出版者著作権管理機構 委託出版物＞
●本書の無断複写は著作権法上での例外を除き禁じられています。
複写される場合は、そのつど事前に(社)出版者著作権管理機構
(Tel.03-3513-6969、Fax.03-3513-6979、e-mail: info@jcopy.or.jp)の
許諾を得てください。
●万が一、乱丁本、落丁本がありましたら、お取り替えします。
お買い求めの書店か、小社販売部(Tel.03-3383-0628)へご連絡ください。

日本ヴォーグ社関連情報はこちら
(出版、通信販売、通信講座、スクール・レッスン)
https://www.tezukuritown.com/　

キルトと刺しゅうのための便利なフリーアプリ
キルト&ステッチ